ASSIS SUR UN ROCHER

ASSIS
SUR UN
ROCHER

Gary L. Brinderson

Belle Isle Books
www.belleislebooks.com

ISBN : 978-1-962416-32-0
Numéro de contrôle de la bibliothèque du Congrès : 2024909610

Conçu par Sami Langston
Projet géré par Leah Erwin
Jaquette réalisée par Jennifer Wu

Imprimé aux États-Unis d'Amérique

Publié par
Belle Isle Books (une marque de Brandylane Publishers, Inc.)
5 S. 1st Street
Richmond, Virginie 23219

BELLE ISLE BOOKS
www.belleislebooks.com

belleislebooks.com | brandylanepublishers.com

Sommaire

Toujours parmi nous

Un orage ne cesse pas d'être un orage
une fois passé.
L'enfance ne cesse pas d'être l'enfance
une fois adulte.
Le fait d'être amoureux ne met pas fin à l'amour que vous avez éprouvé
lorsque vous rencontrez une autre personne.
L'enseignement ne cesse de faire partie de vous
si vous quittez l'école.
Votre sport préféré ne cesse pas d'être votre sport préféré
lorsque vous arrêtez d'y jouer.
Un poème ne cesse pas d'être un poème
après avoir touché votre cœur et votre esprit.
L'histoire est dans la distance parcourue.

Force

Lorsqu'elle est présente,
Elle est incontournable.
C'est une puissance tranquille,
une patience,
et une douceur.
Mais elle sait hisser le drapeau blanc.

Pensée

Toute pensée d'amour
qui se transforme en action,
aussi petite soit-elle — une main sur une épaule,
une accolade chaleureuse —
est parfaite.

Erreur

Oubliez vos erreurs,
mais n'oubliez pas ce qu'elles vous ont appris.
Acceptez la leçon,
et libérez l'enseignant.
Faites l'expérience de ce qui reste après une erreur.

La forêt

Quand le chagrin entre dans la forêt,
plusieurs chemins méritent réflexion.
Un seul mène à la guérison.
Il suffit de mettre un pied devant l'autre.

L'esprit

Notre esprit est comme un parent fou.
Les sentiments que nous éprouvons eux sont réels.
L'histoire créée par notre parent fou est sans fondement.
J'ai appelé le mien « Homère ».

Je me suis coupé au pied.
Homère m'a dit : « Tu vas te vider de ton sang ».
Le pansement lui dit : « Ce n'est pas grave ».
Homère a toujours son mot à dire.
N'oubliez pas que seul le sentiment est réel.

Recevoir l'amour

Notre observation de la manière dont les autres s'aiment est importante :
avec amour et compassion,
ou pas,
avec chaleur,
ou pas,
avec sérénité,
ou pas.

Ainsi nous savons comment ils recevront l'amour.
S'aimer soi-même
comme notre meilleur ami,
comme nos enfants,
comme notre parent préféré,
nous enseigne comment nous aimer.

Trois d'entre nous

Notre enfant :
En cas de crise, il tape du pied
et donne du corps à ses sentiments;
Il les projette sur la personne qui les a déclenchés.

Notre adolescent :
nous a appris à survivre par tous les moyens nécessaires,
selon ce que l'environnement nous dictait.

L'adulte :
à l'occasion
il est calme, rationnel, logique, gentil et optimiste.

Le non-dit

Le sujet tabou,
c'est toujours là qu'il faut puiser le savoir.
Le courage au cœur, il faut sonder
et faire ressortir les questions gênantes
que tout le monde a évitées.
Mais il faut les comprendre.
C'est comme regarder par un trou
au travers des murs d'un château,
où ce que l'on voit
n'est pas dit.

Laissé-pour-compte

L'accomplissement

a des conséquences inattendues.

Notre désir de croissance nous amène à laisser les autres de côté.

Nous avons le choix : tendre la main et rester en contact ou lâcher.

Le laissé-pour-compte ne fera pas le premier pas !

Reconnaître la gentillesse

Affirmation.
Est-ce le sourire
les yeux scintillants
les bras ouverts,
les gestes,
les mots,
l'énergie,
l'attention,
le toucher,
ou simplement être présent ?
C'est la chaîne humaine.
Choisissez votre magie pour élever l'esprit des autres
tout en nourrissant votre âme.

Mystère

C’est le mystère de la souffrance.
Tout le corps réagit :
le creux de l’estomac se durcit,
le cœur fait mal.
Quelle en est l’origine ?
Est-ce dû à l’expérience vécue ?
Ou mon passé ?
Naît-elle dans mon esprit ?
Les sentiments sont réels,
mais l’esprit fait des histoires.
On suppose de mauvaises intentions à son égard …
C’est le mystère de la souffrance.

L'amour romantique

Il a les pouvoirs de la mer, du vent et du feu combinés.
On n'a jamais connu de telle puissance.
Il apporte un bonheur qui dépasse l'entendement.
Il modifie notre être tel que nous le connaissions.
Il devient dévorant et joyeux.
Nos papilles gustatives explosent au moindre goût.
Nous pouvons sentir le parfum d'une fleur de l'autre bout de la pièce.
Une simple note dans une chanson d'amour nous fait pleurer de joie et de nostalgie.
L'amour vous fait traverser le monde pour y goûter ne serait-ce que pendant une heure ;
et pour y penser encore pendant des centaines d'autres.
Pour faire l'expérience de son toucher,
vous chercherez pendant des années.
Pour en ressentir les effets,
vous serez possédés.
Pour l'embrasser pleinement,
vous deviendrez invincible.

Voir

Lorsque nous nous intéressons à une chose,
celle-ci devient fascinante.
Voyons-nous avec nos yeux
ou avec tous nos sens ?
Voyons-nous l'objet
ou voyons-nous l'essence de l'objet ?
Voyons-nous les choses
ou l'environnement des choses ?
Voyons-nous l'individu
ou l'état de l'individu ?
Voyons-nous la personne
ou sa présence, sa stature, son pouvoir ?
Le voir a plusieurs dimensions.
Lorsque nous surmontons nos préjugés
et y ajoutons l'odorat, le goût, l'ouïe, les sentiments et l'intuition,
nous commençons vraiment à *voir.*

Besoin

L'amour est au centre des besoins humains.
S'entraîner à s'aimer soi-même
est laisser le jugement disparaître.
Aimer les autres et aimer aimer les autres
boucle la boucle.
On se sent chez soi quand on est aimé,
où qu'on soit.
Mais aimer les autres est la joie ultime.

Imperfection

Il faut parfois désapprendre
nos croyances.
La perfection est un lieu isolé.
Ouverture ou isolation :
qu'est-ce qui est le plus attrayant ?
La perfection est un lieu isolé.
L'imperfection est accessible.
La perfection est-elle vraiment ce que nous voulons ?
Se regarder dans le miroir peut être une affirmation.
Parfois, nous avons besoin de réaliser ce qui est vraiment beau.

Nostalgie

Revenir en arrière :
nos premiers sentiments amoureux,
l'engouement.
Nos premiers sentiments d'amour profond,
l'unité.
Nos premiers sentiments à l'égard d'un véritable ami,
l'âme sœur.
Nos premiers sentiments d'inclusion,
appartenir.
Nos premiers sentiments à l'égard de notre animal de compagnie,
amour inconditionnel.
Nos premiers sentiments d'attention au bien-être d'autrui,
cœur ravi.
Les premiers sentiments d'un résultat positif après nos efforts,
c'est s'affirmer.
Nos premiers sentiments après avoir relevé un défi intellectuel,
c'est être éclairé.
On peut apprendre à devenir n'importe qui,
et si on grandit, on peut tout comprendre.

Notre contribution

En réfléchissant à la vie,

sur ce que nous avons ressenti et donné,

l'amour apparaît comme le sentiment le plus fort.

La première histoire d'amour :

Tenir notre premier bébé dans ses bras.

Serrer notre meilleur ami dans nos bras.

S'occuper d'un proche.

L'amour n'est-il pas la véritable nature de notre contribution ?

La gentillesse

C'est notre cœur qui commande.

Commencez par être gentil avec vous-même.

Si vous y parvenez en toute occasion,

l'acte de gentillesse pour les autres deviendra un réflexe naturel.

La gentillesse est la cerise sur le gâteau.

Les gens ne mangent du gâteau que pour le glaçage.

Pardonner

L'un des actes les plus libérateurs et les plus égoïstes que nous puissions faire,

c'est de pardonner à quelqu'un.

Nous le faisons pour nous-mêmes,

pas pour eux.

Soleil

Si vous avez la chance d'être amoureux,
emmenez-les sur une plage au soleil.
Emmenez-les voir la pleine lune.
Emmenez-les chez un ami.
L'amour aime être de la partie.

Les parents

Nous ne choisissons pas nos parents,

mais nous pouvons choisir de les définir par ce que nous admirons le plus en eux.

Tous les parents sont imparfaits, comme nous.

Il est possible de comprendre ce qu'ils sont devenus

dans leur enfance et leur jeune âge adulte.

Leurs sources, leur mère et leur père,

oncles et tantes, frères et sœurs.

Le critère le plus important auquel il faut réfléchir est le suivant :

ont-ils fait de leur mieux ?

Si c'est le cas, il faut s'y raccrocher.

Si ce n'est pas le cas, le fait de leur pardonner est un formidable cadeau que vous vous ferez à vous-même :

Ne pas pardonner, c'est boire du poison

en croyant que l'on va tuer l'autre personne.

La queue entre les jambes

Lorsque nous laissons l'ego entrer dans la pièce.

Lorsque nos capacités d'écoute ne donnent pas à l'autre personne ce qu'elle mérite.

Lorsque nous négligeons l'occasion d'être gentils et attentionnés.

Lorsque nous blessons quelqu'un par accident.

Lorsque nous manquons une occasion de faire un compliment.

Lorsque nous ne respectons pas nos engagements, aussi minimes soient-ils.

Lorsque nous jugeons les autres.

Lorsque nous n'avons pas le courage de faire ce qu'il faut.

Partenaire

Aimer aimer ne laisse pas de place au jugement.

Le dévouement à l'amour d'autrui fait appel à tous nos sens pour se sentir vivant,

ce qui nous permet de comprendre les besoins et les désirs de l'autre personne.

Les satisfaire est pur bonheur.

Cela maintient la relation dans un état de joie complète.

Ce qui reste

Ce qui reste, ce sont les souvenirs,
dessinés par les sentiments qui viennent du cœur.
Notre cœur est le centre de notre être.
Ce qui est exprimé peut être édifiant ou non,
mais c'est le sentiment qui évoque le souvenir.

Une ligne dans le sable

Si nous ne nous mettons jamais en colère,
nous n'aurons jamais à pardonner
ou à tracer une ligne dans le sable.
Être humain, c'est peut-être effacer la ligne.

Appréciation

Ceux qui ont connu des difficultés
et des déceptions
peuvent décrire le plus précisément
le sentiment d'être en vie
avec chaque cellule de leur être.

Écouter

Écouter l'univers.
C'est décider que l'amour investi dans le monde qui vous entoure
vous reviendra.

Quel que soit l'amour que vous désirez,
l'univers connaît la personne
qui aspire à vous gratifier de cet amour.

Laissez l'univers opérer sa magie.

Ce que l'on devient et qui l'on devient

L'éducation formelle vous demande
de vous concentrer sur ce que vous deviendrez :

médecin,
avocat,
charpentier,
enseignant,
artiste,
scientifique,
vendeur.

Qui vous devenez est dix fois plus important.
C'est le choix de la famille, de la religion, de la tradition ou votre propre quête de sens.
La personne que vous devenez est votre choix :

gentil,
chaleureux,
attentionné,
empathique,
aimant,
centré,
pacifique,
fiable,
généreux,
joyeux,
doux.

Le privilège sur votre parcours est de décider qui vous devenez.

Perte

Allez-vous inviter cet imposteur à dîner ?
Accepterez-vous la perte comme faisant partie du voyage ?
Allez-vous lâcher prise ?
Allez-vous chérir les souvenirs
ou devenir une victime ?
Allez-vous vous tenir debout et fort
ou vous ratatiner
et manquer l'occasion
d'accueillir le renouveau et l'avènement de quelque chose de nouveau ?
Serez-vous un exemple de croissance
ou serez-vous un martyr ?
Seule la possibilité d'en faire l'expérience
contient la réponse.

Persévérance

Plongez dans le feu de l'action.

La persévérance est une devise pour la vie.

N'abandonnez jamais, quelles que soient les difficultés rencontrées.

En famille,

en amitié,

dans l'éducation,

dans le travail,

à tous points de vue,

dans tous les domaines,

à chaque minute de chaque jour,

contrôlez les pensées,

les perspectives,

et la direction à prendre.

Comparaison

Vous sentirez-vous mieux avec ou sans ?

Un bien matériel

Un regard

Un diplôme

Un solde bancaire

Les vacances

Une vocation

Un partenaire

La comparaison est un jeu à somme nulle.

Le gagnant, c'est celui qui apprécie ce qu'il possède

La mode

À vingt ans, nos vêtements sont le reflet de ce que nous pensons être à la mode.

À la trentaine, nos vêtements reflètent ce que nous voulons devenir.

À la quarantaine, nos vêtements reflètent la place que nous occupons dans notre culture.

À la cinquantaine, nos vêtements témoignent de notre aisance.

À partir de la soixantaine, nos vêtements nous font nous sentir bien.

Le casting pour la vie

Le choix de notre partenaire de vie est la plus importante décision qui nous incombe.

Et, comme le choix de nos amis les plus proches, on choisit le forum qui définira

la richesse du parcours de notre vie.

Tout est dans le casting !

Portes

Lorsqu'une porte se ferme,
des portes s'ouvrent tout autour de nous.
Notre moi intérieur les voit ;
notre esprit essaie de nous dire qu'il s'agit d'une illusion.
Soyez courageux,
et ouvrez-les.

Amour

Nous avons oublié l'amour aujourd'hui
parce que nous pleurions celui d'hier
en nous inquiétant du lendemain.

Confiance

Elle s'acquiert après une série
de petites faveurs
accordées d'une manière qui démontre
que notre confiance est entre de bonnes mains.
Elle se développe jusqu'à ce que
nos intérêts, placés dans les mains de cette personne,
passent avant les siens.
C'est le code d'honneur par excellence.

La première page

Les faits ne font jamais obstacle à une bonne histoire.
Sinon, tous les reportages seraient de la fiction !
Cela me rappelle des ragots qui ont fait le tour de la salle
et qui font maintenant
la première page.

Préparatifs

Sur le point de quitter la maison,
Il faut se demander comment guider
l'appel irréfréné de notre ambition ?
Il faut être à l'écoute des opportunités.
Ainsi, on se rendra compte que notre désir le plus profond,
c'est d'être comblé au service des autres.

Rêve

Lorsqu'un rêve prend forme
et est à votre portée,
desserrez votre emprise
sur ce qui peut l'entraver.
Accrochez-vous à votre rêve
avec les deux mains.

Destination croissance

Notre cœur nous demande de nous débarrasser des choses
qui nous alourdissent,
de faire de l'espace
et de libérer le cœur,
en songeant à d'autres idées à mettre en œuvre.
Ne laissez pas le mental vous dissuader de franchir le pas !
Sinon, l'opportunité se volatilisera.

Intuition

Notre intuition comprend ce qui échappe à l'esprit.

Le corps sait des choses qui échappent à l'intuition et à l'esprit.

Le cœur sait ce que l'esprit, l'intuition et le corps ignorent.

Célébration

L'état d'être le plus élevé
devient évident pour nous-mêmes
lorsque nous nous réjouissons
du succès des autres.

Des pensées que je n'ai partagées qu'avec toi

Le sentiment de démériter affecte notre capacité à rêver.

Le besoin d'amour est la base de la vie elle-même.

Le cœur est le centre de notre univers.

Comme une âme sœur peut changer notre existence !

La gentillesse à l'égard des autres est plus bénéfique pour celui qui en fait preuve.

Le fait d'aimer aimer nous permet de nous sentir vivants.

Comment le fait de se considérer comme notre meilleur ami est bénéfique pour toutes les personnes que nous connaissons, y compris nous-mêmes.

Se défaire du jugement, c'est comme apprendre à voir.

Échec

Les échecs font partie de la vie.
Ils ne reflètent pas l'identité d'une personne.
Ils ne représentent que les résultats d'une tâche.
C'est l'utilisation faite de ces informations qui constitue l'opportunité.
Bien sûr, l'évidence est qu'il faut s'améliorer et se développer,
mais pour certains, l'évidence fait défaut.
C'est aussi le moment d'observer nos émotions,
notre capacité à rationaliser,
à faire preuve d'humilité et d'empathie,
d'observer où les choses ont mal tourné
et s'engager à ne pas les répéter,
pour tracer une nouvelle voie plus intelligente,
être plus stratégique,
se poser des questions sur soi-même
que nous n'aurions pas posées auparavant.
Nos sens sont sollicités ;
ce qui n'aurait pas été possible sans l'échec.
L'échec est un tremplin vers des niveaux de réussite plus élevés
sans arrogance, avec empathie.
Aujourd'hui, nous savons que nous ne sommes pas dépendants
uniquement de la réussite dans notre vie.
Nous nous efforçons de devenir meilleurs.
Un échec est l'occasion de grandir,
et de faire preuve de caractère en nous relevant.
Nous tombons tous.
C'est le test ultime.
Sans cela,
nous ne serions pas entiers.
Apprenez votre leçon, libérez le professeur.

Le cœur

Vivre à livre ouvert

est l'acte de courage ultime !

Nous avons appris à cacher notre cœur, mais

l'amour a le dernier mot.

C'est toujours en crayonnant les espaces vides que l'on se sent le mieux.

Vivre à cœur ouvert est un choix.

Là-bas, le monde semble complètement différent,

et il nous regarde d'une manière complètement différente.

Nous avons été créés pour écouter notre cœur.

Regardez autour de vous.

Regardez dans les yeux d'un enfant de trois ans.

C'est là que réside la sagesse de l'amour :

dans l'inconnu.

Le long chemin

Qu'il s'agisse d'élever un enfant,
d'apprendre une langue,
de jouer d'un instrument,
de maîtriser un sport,
de surmonter un traumatisme,
il n'y a pas de raccourcis.
Pas de guide de l'étudiant.
Aucun chapitre ne peut être sauté.
il n'y a pas de solution miracle.
Pas de course de relais,
rien que de la persévérance.
C'est toujours un pied devant l'autre.

Trajectoire

Lorsque nous entrons dans la vie et que nous cherchons notre chemin,

nous voyons l'immensité des différents choix.

Nous réalisons que le seul chemin parfait

est celui que nous traçons pour nous-même.

Un ami

L'amitié est le fondement de l'âme,
un espace réservé à l'acceptation et à l'humble honnêteté,
le sentiment d'être compris où que nous soyons sur le chemin de la vie,
un lien qui dépasse les continents et les mers.
Elle est toujours avec nous, même si nous sommes séparés.
Ce sentiment de servir, de nourrir,
et d'observer la sagesse en marche,
une expérience à la fois,
est extrêmement gratifiant.
Savoir que nous sommes le port d'attache de quelqu'un,
en ayant pleinement confiance que nous sommes le leur,
est l'un des désirs ultimes de la vie.

Chérissez vos amis.
Ils sont votre véritable trésor.

Solitude

C’est un sentiment que nous redoutons tous.
Cela peut arriver
au sein d’une ville grouillante, avec nos amis les plus proches, dans une foule,
ou dans le recueillement.
Est-ce là notre réalité
Ou celle de notre esprit ?
Le sentiment est réel !
Si notre cœur est bienveillant,
et que l’on tend la main vers les autres,
un sentiment bien connu renaît :
c’est la compassion pour soi et pour les autres.

Le pouvoir du malheur

Le malheur n'a pas d'autre pouvoir
que celui que nous lui donnons.
Il peut devenir un guide,
ou une tragédie.
La malchance au pouvoir
crée toujours des victimes.

Les blessures ouvertes

Les blessures qui restent ouvertes s'amplifient.

Une fois les dommages causés, une remédiation est obligatoire.

Le souvenir d'une blessure est éternel s'il n'est pas corrigé.

Les excuses et le pardon sont des cousins qui s'embrassent.

Adolescence

Essayez de trouver votre place !

Entre confort
et chaleur,
au contact de maman …
Le plein de son énergie et de son amour,
en sécurité et sous sa protection,
vers des rivages inexplorés,
en perte de connexion,
dans le doute de soi,
l'imperfection,
l'insuffisance,
un petit corps change,
et personne ne dit pourquoi.
Quand cela s'arrêtera-t-il ?
La séparation d'avec maman se fait lentement,
mais sûrement.
Le monde est dur
lorsque vous êtes
entre-deux-eaux.

La peur

La peur est le contraire de l'amour.

L'amour est l'émotion dans laquelle nous voulons prendre un long bain chaud,

avec des bulles,

et nous transformer.

La peur, c'est ce qui va à l'égout.

Trouver son espace

La vie est faite d'espaces qui nous donnent l'occasion d'apporter
les différents éléments de notre être en action
pour vivre l'expérience la plus riche.

Un espace pour l'exécution d'une tâche,
un espace pour une passion
un sport de haut niveau,
un art,
un espace de réflexion à quarante mille pieds d'altitude,
ou pour planifier l'avenir,
un espace pour une connexion profonde avec un ami ou un enfant,
un espace pour l'amour romantique et l'intimité,
un espace de spiritualité,
un espace d'apprentissage et d'expérience.

Il faut savoir prendre conscience de l'espace dans lequel nous nous trouvons,
et comprendre les éléments dans notre propre personne qui pourraient maximiser l'expérience.

Courage

L’approche est souple et douce.

Parler avec son cœur, c’est courageux.

La délicatesse, c’est la virilité.

L’humilité, c’est la vulnérabilité.

L’empathie, c’est de la bravoure.

Dans un monde compétitif, la gentillesse est synonyme de bienveillance.

Il y en a pour tous les goûts

Lorsque nous regardons dans les yeux d'un ami ou d'un enfant,
avec l'amour que nous leur portons dans notre cœur,
avec un sourire ou un hochement de tête,
le message est *affirmation*.

L'affirmation, même minime,
crée un sentiment positif chez le destinataire,
ainsi que chez l'affirmateur.
Un visage tourné vers un bébé,
un grand sourire ou une franche rigolade.
Pensez à un enfant, pensez à
l'adolescent qui a vraiment besoin d'être valorisé.
L'affirmation est pour eux une bouffée d'oxygène.
D'un simple sourire à l'autre, il n'y a qu'un pas à franchir,
« Vous êtes la meilleure personne que j'ai jamais rencontrée ».
Nous avons tant de possibilités. Il n'y a pas de limites.
Cela commence dans le miroir,
et va jusqu'à l'infini.

C'est ça l'amour

Sa tête sur votre épaule,
ce regard d'adoration,
les yeux rivés inlassablement,
cette main secourable qui est toujours là.
Le suremploi des *je t'aime*
Des paroles encourageantes à chaque pas.
Ces compliments qui viennent du cœur,
ce sentiment d'être chéri.
Avoir toujours l'impression d'être le numéro un.
Regarder le soleil se coucher ensemble.
Lui apporter le café au lit.
Envoyer un poème d'amour …
Votre admiration lorsqu'elle entre dans la pièce
Tu es si belle.
L'excitation de savoir que le temps passé ensemble sera ininterrompu.
La fierté de savoir qu'elle vous aime.
Le sentiment d'être profondément aimé.

Paroles écrites

Elles peuvent réchauffer un cœur au point de faire couler une larme.

Elles peuvent infliger une douleur qui peut durer toute la vie.

Elles pénètrent très loin dans des recoins que nous ne soupçonnons pas.

Leur ombre s'étend plus loin que la vue.

Elles peuvent venir de l'amour et de la terre en douceur.

Elles peuvent provenir de la peur et tomber comme une boule de démolition.

Tout est dans le geste.

Espaces

Il y a différents espaces dans la vie,

et nous sommes des personnes complètement différentes dans chacun d'eux.

Combattre ou fuir,

totalement consommé,

réfléchi,

d'un esprit calme et tranquille.

Réaliser une tâche,

concentré.

Pratiquer un sport qui vous passionne,

et relever des défis.

Écouter une autre personne,

être consommé avec tous ses sens et son cœur.

Soyez conscient de l'espace dans lequel vous vous trouvez à tout moment,

pour trouver le bon état d'esprit dans chacun d'entre eux.

Tu es

Bien plus que tu ne penses,
tu es la plus belle femme de la planète.
Tu es Madison Avenue.
Tu es intuition.
C'est toi qui as le plus de cœur.
Tu es le soleil derrière les nuages.
Tu es sensualité.

Problèmes

Les problèmes sont partout.
Lorsque nous y réfléchissons,
Il faut laisser sa bonté s'éveiller – tout est là !

Fleurs

Les sens d'une personne amoureuse sont en alerte.
Ils peuvent apprécier la beauté d'une pièce à l'autre,
et détecter une odeur exotique en entrant dans un espace.
Les fleurs envoient un message d'amour,
par la beauté des couleurs et des formes,
qui illuminent une pièce et suscitent toute une gamme d'émotions.
Un parfum peut faire pleurer.

Briller dans le monde

L'un des plus beaux cadeaux que nous puissions nous faire
est d'être capable d'accepter
sans jugement.
Il s'agit d'une tâche très difficile
mais un accomplissement extraordinaire
sur le chemin de l'illumination.

Juger les autres est un mécanisme de défense,
contre l'amour et la compassion,
dont nous avons besoin
pour briller dans le monde.

L’univers

L’univers, à sa manière mystérieuse,
perpétue le rêve du rêveur.

L'expérience

Comment enrichir son expérience ?
Être fidèle à qui nous sommes devenus,
nous traiter comme nous traitons notre meilleur ami.
L'ouverture et l'empathie mènent à la compréhension
de nous-mêmes et des autres.
Croître nourrit le cœur,
ce qui lui permet de s'ouvrir davantage,
pour laisser entrer l'amour.

Perspective

Nous n'oublions jamais les personnes qui ont vu en nous
quelque chose de grand
dans nos moments les plus sombres.

Transformation

Le cadeau de l'étudiant est son temps, son attention,
et le désir d'apprendre et de progresser.
Le rêve de l'étudiant est d'entrer dans un espace où il se sent spécial,
écouté et non jugé,
pour que son esprit se libère et explore la nouveauté,
stimulé dans son esprit et son cœur,
pour faire en sorte que la connaissance se présente sous une forme unique.
Cela lui permet d'ouvrir son esprit à une nouvelle façon de penser.
Délivrée avec un cœur humble et humain,
sa vie en est changée.

Des sentiments à suivre

À l'amour de sa vie que l'on regarde dans les yeux.

Aux rires.

À la joie de voir son amour entrer dans un espace et remplir son cœur.

À l'exaltation d'une passion.

Au port sûr de l'âme sœur.

À la lueur du visage d'un enfant qui ressent l'amour.

À observer quelqu'un

trouver une réponse au combat de sa vie.

À l'accueil d'un ami que vous aimez.

À votre enfant qui devient la personne qu'il ou elle est.

Au sentiment de grandir en tant que personne.

À la joie d'aimer aimer.

Au plaisir d'aider d'autres personnes à grandir.

À voir sentir un de ses proches tomber amoureux.

Larmes

L'histoire de nos larmes,
commence-t-elle ici et maintenant ?
Ou dans le passé ?
Est-elle singulière ?
Ou faite de blessures multiples ?
Commence-t-elle à l'extérieur ?
Ou à l'intérieur ?
S'agit-il de notre enfant ?
Notre survivant ?
Notre adulte ?
La peur est toujours l'envahisseur.
Le niveau de souffrance
est à la mesure de notre traumatisme.

L'exaltation

Votre voix monte d'un cran,
vous exprimez votre joie,
votre enthousiasme devient contagieux,
votre esprit est singulièrement concentré,
vous passez de la routine aux jeux d'enfant,
où le temps n'existe pas,
où votre âme est vivante !
Vous sentez le paradis à portée de main.

Suivre son cœur

Ne pas avoir peur,
faire un pas,
peut changer votre vie
comme par magie.

Réussite

La réussite vient des expériences de la vie.
C'est un lieu imaginaire auquel nous croyons.
À Cuba, la réussite est un chiffre qui se situe juste au-dessus du seuil de pauvreté.
Aux Fidji, cela signifie faire partie de la communauté.
(L'île de Fidji est l'un des endroits les plus heureux de la planète).
En Amérique, le lieu imaginaire continue de se déplacer.
Nous vivons toujours dans le futur,
qui nous prive du présent et de notre capacité à être satisfaits.
La réussite est celle que l'on peut décrire.
Vivre dans le présent et être en paix avec qui nous sommes,
au stade de notre parcours,
est la clé du contentement.
Réalisez que le bonheur est un choix.
Le contentement et la contemplation nous permettent de comprendre
que la réussite dépend de notre propre volonté à imaginer.

Choisir

Privilégiez l'amour avant tout ceci :

Gagner

Avoir raison

Débattre

Boire

Se sentir important

Larmes

Anxiété

Haine

Amertume

Perdre

Colère

Faire la fête

Devoirs

Politique

Ce que veulent les autres.

L'amour doit être omniprésent.

Frères et sœurs

Nous avons des frères et sœurs.

Nous choisissons nos amis.

Nous avons notre famille.

Nos frères et sœurs ont les mêmes fragilités que nos meilleurs amis.

Nous avons la possibilité de les traiter de la même manière

et entamer un parcours d'épanouissement tout au long de la vie.

C'est un choix.

Même si l'amour n'est pas réciproque,

être un frère ou une sœur attentionné(e)

est l'un des plus beaux cadeaux de la vie.

Compartiments

Classer les éléments de notre vie dans des compartiments est une compétence
qui maintient la clarté et laisse passer le courant.
Chaque compartiment a son importance ;
le plus important est notre propre moi intérieur.
Il faut maintenir le jus
et ne jamais l'épuiser.

Les petits mots

Parler des gens nous donne l'impression d'être VIDE.

Parler d'événements nous fait nous sentir BIEN.

Parler d'idées nous rend EXCITÉS.

Parler de service aux autres nous fait nous sentir PLEINS DE COMPASSION.

Confusion

Ne pas confondre calme
et paix.
Ne pas confondre beauté
et bon cœur.
Ne pas confondre force
et caractère.
Ne pas confondre intellect
et sagesse.
Ne pas confondre éducation
et persévérance.
Ne pas confondre engouement
et amour.

Connexion

Où se trouve notre havre ?
Nous n'en avons que quelques-uns,
mais nous savons avec qui.
Il n'y a pas de jugement.
Ils savent à quel point nous sommes dans le pétrin
et nous aiment inconditionnellement.
Chérissez-les.
Ils sont merveilleux.
Restez concentrés sur leur survie et leur bien-être.
Avec eux, nous disposons d'un espace chaleureux et sûr,
comme un bain chaud.

Parfait

Ne croyez pas que je sois parfait.
Le mensonge n'est pas attrayant.
Dis-moi que je suis abîmé,
peu sûr de moi,
dominant,
adolescent hyperactif,
mais que c'est pour ça que tu m'aimes.

Contre-intuitif

Si nous remettons quelque chose à plus tard,
nous devrons y faire face.
Aux obstacles incontournables,
nous devons remédier.
Lorsque notre partenaire nous repousse avec des mots durs,
nous devons les serrer fort.
S'il faut faire passer un message difficile,
Le fait de l'envoyer avec amour change la donne.

Accuser les coups durs

Investissez dans l'amour des autres en les écoutant,
dans la vulnérabilité et la transparence,
en menant avec votre cœur.
Il suffit de répondre à notre besoin d'aimer
et de remplir notre âme.
Ce sentiment merveilleux fait déborder notre réserve d'amour.

Lorsque nous traversons des moments difficiles,
nous puisons dans notre réserve pour demander de l'aide,
et pour aider nos amis à combler leur besoin de nourrir leur âme.
Acceptez donc ces moments difficiles lorsqu'ils se présentent.
Sans culpabilité, acceptez simplement leur chaleur.

L'océan

L'océan est un arc-en-ciel d'émotions :
la paix qui réchauffe notre cœur,
le plaisir des couleurs qui font sourire,
l'immensité que nous avons du mal à comparer,
la fraîcheur qui sensibilise notre peau,
le surréalisme qui permet à notre esprit de contempler le vrai sens,
et surtout,
la beauté qui nous permet d'apprécier notre capacité à aimer.

La voie de l'incompréhension

Nous nous voyons au travers de nos intentions.

Les autres nous voient tels que nous agissons.

Ne jamais supposer …

Toujours confirmer les intentions de l'autre personne avant de tirer une conclusion.

La tête ou le cœur

Le cœur écoute la tête,
avec beaucoup de patience et d'admiration
pendant un certain temps.
Ensuite, le cœur réalise
que la tête va gâcher la soirée.

Comment faire face à un enthousiasme abusé ?

Notre rapport à la nature

Vitamine N
Océans
Montagnes
Déserts
Grandes plaines sauvages
Forêts
Rivières
Villes
Nous nous connectons à un espace
qui nous restaure
avec un regain d'énergie.

Définition de l'amitié

Quelqu'un pour qui vous comptez *inconditionnellement*,
qui sait, sans jugement, que vous êtes un désastre
(nous sommes tous en désordre, à des degrés divers),
qui a le droit de vous dire si vous faites quelque chose qui n'est pas dans votre intérêt.
Mais qui, si vous décidez de le faire,
vous soutient à cent pour cent.

Les choses irremplaçables de l'amour

Son sourire

Ses yeux

Sa démarche

Son rire

Son sens de l'humour

Son toucher

Sa beauté

Sa sensualité

Son style

Son point de vue

Son intuition

Son enfant intérieur

Ses émotions

Ses baisers

Son cœur

Découvrir

Nous ne savons pas ce que nous ne savons pas.
Si nous nous intéressons à quelque chose,
cela devient intéressant.
Accepter ce qui vient du silence.

Le moment amoureux

Le lit défait
Le moment café
L'écriture d'un poème
Une porte qui s'ouvre
Le moment des médicaments
Glisser de l'argent liquide dans un sac à main
Choisir les couleurs et le parfum d'un bouquet
Être pieds nus ensemble
Regarder un coucher de soleil rougeoyant
Le flash vert
Être assis dans un beau jardin
Écouter les vagues
ou sa chanson d'amour préférée
Rire
Un service en chambre
Tant d'espaces à remplir

Acceptation

L'acceptation est la pierre angulaire de la santé mentale.

C'est en nous acceptant nous-mêmes avec tous nos défauts que le voyage commence et se termine. Chaque minute, nous avons la possibilité d'accepter, d'apprendre et de nous engager ou de rejeter et de fermer notre esprit à d'autres points de vue.

L'apprentissage se trouve toujours dans le *pourquoi* et non dans le *quoi*.

Ouverture à d'autres modes de pensée, à l'amélioration de nos modes d'écoute. Il y a toujours plus d'une réponse à une question.

Se regarder dans le miroir en s'acceptant et en s'aimant totalement est l'un des plus grands défis de la vie.

Accepter inconditionnellement qui nous sommes, pas ce que nous voulons devenir, pas ce que la société veut que nous soyons, pas ce que les autres veulent que nous soyons. Car qui nous sommes peut toujours grandir.

L'acceptation totale et inconditionnelle d'un ami est la première étape de la croissance, et avec cela vous commencez à être capable de le faire avec votre conjoint, puis avec votre enfant ; alors vous commencez à voir, et le monde semble différent, plus amical, plus tolérant. Vous commencez à voir l'amour partout.

Mentorat

Le mentorat consiste à aider une personne à se connaître elle-même :

à se gérer de la manière la plus efficace possible,

pour rester centré,

et diriger et apprendre à relever les défis de la vie,

être fier et profiter de son expérience,

se sentir satisfait de la façon dont elle s'accepte comme elle est ainsi que les personnes qu'elle aime,

à continuer à faire des efforts dans toutes les relations qui sont importantes pour elle afin qu'elle se sente bien dans sa peau,

se sentir bien avec les personnes avec lesquelles elle est en contact,

se fixer ses propres objectifs et réaliser ses propres rêves,

connaître ses motivations,

être en paix avec ses propres peurs et les connaître,

avoir une passion dans sa vie,

prendre soin d'elle-même physiquement afin de pouvoir vivre pleinement sa vie,

profiter de la balade (sans arrêts en gare),

mettre son ego en veilleuse et utiliser davantage son cœur,

prendre des décisions en temps utile,

pour apprendre que l'équité est la pierre angulaire du leadership,

apprendre que le pardon est pour elle, et non pour la personne à qui elle pardonne,

apprendre à faire la différence entre le comportement de la personne et la personne elle-même.

Notre rôle consiste à trouver la bonne réponse chez les mentorés.

Donner au mentoré des options auxquelles il n'a pas pensé, en l'aidant à voir au-delà du présent un univers et un parcours de vie plus vastes.

Écouter d'une troisième oreille, revenir sur ce que l'on a appris au fil du temps, faire en sorte qu'il reste fidèle à ce qu'il est et à ce qu'il veut devenir.

Le simple fait d'être là pour eux de manière inconditionnelle et sans jugement peut leur ouvrir l'esprit et les aider à exprimer leurs propres idées.

Ciment

L’amour est le ciment relationnel le plus fort de l’univers.
C’est magique.
Si cela ne fonctionne pas,
mutinez-vous pour aimer davantage.

L’histoire

Nous ne sommes pas nos traumatismes.

Nous sommes la somme collective des obstacles surmontés

Dis-moi

Dis-moi que tu mettras l'amour au-dessus de tout dans ta vie.

Certains jours, ce sera difficile.

Tu devras t'arrêter et réfléchir :

Quelle est la place de ce que nous faisons dans notre arche de sur-importance ?

Il y aura des jours de bonheur où nous serons au sommet du monde, baignant dans l'amour.

Quoi que nous fassions, l'amour est-il bien présent ?

C'est dans l'amour que nous trouvons l'illumination.

C'est dans notre cœur que nous trouvons les meilleures réponses aux questions les plus difficiles de la vie.

Merci

Merci d'avoir vu en moi plus que ce que j'étais capable de voir.

Merci de m'avoir ouvert à la possibilité d'être aimé.

Merci de m'avoir permis de t'aimer.

Merci de me rappeler de rire.

Merci pour les meilleurs moments de ma vie, passés ensemble.

Merci pour nos cœurs, si remplis d'amour l'un pour l'autre.

Tempêtes

Nous nous sommes tous un jour retrouvés au milieu d'une crise.

Toutes émotions ébranlées :

Combattre, fuir ou s'immobiliser.

Le calme en moi dit : « Ce n'est pas dû aux événements.

Je suis activé par des ombres du passé.

Cela n'a rien à voir avec moi. »

Le calme en moi est tellement sage.

Cas particulier

Il existe des diamants bruts qui brillent.

Il y a des gens dont la parole est inébranlable.

Il y a des personnes discrètes qui ont la plus grande présence.

Il y a toujours quelqu'un d'inarrêtable.

Il n'y en a qu'un qui reste éternellement jeune.

Une voie toute tracée

Quand vous avez vécu dans votre cœur,
quand votre esprit est votre meilleur ami,
lorsque votre corps s'entraîne à tenir la distance,
quand les relations sont à leur place,
vous avez fait le gros du travail.
Vous êtes sur la bonne voie.
Vous avez le droit de vous sentir vivre.

À propos de l'auteur

Gary L. Brinderson est le président de Brinderson Holdings, qui investit dans l'immobilier institutionnel, industriel et multifamilial, les logiciels, les transports et les actions. M. Brinderson est titulaire d'un MBA de l'université de Pepperdine. Il est également diplômé de l'Advanced Management Program et ancien élève de la Harvard Graduate School of Business. Il préside le programme Leadership Fellows à la Paul Merage School of Business de l'Université de Californie, à Irvine, et a présidé le même programme à HEC Paris et à l'Université de New York.

www.ingramcontent.com/pod-product-compliance
Lightning Source LLC
LaVergne TN
LVHW091012080826
845145LV00003B/1241